I0123167

L⁹h
48

Lib 9.
18.

RAPPORT

DES CIRCONSTANCES

Qui ont déterminé la mise à la côte du vaisseau ponton La Castille, mouillé devant Cadix, sous la garde de l'armée anglaise et espagnole, et de plusieurs canonnières et bombardières;

Adressé à S. E. le Ministre de la Marine; remis à M.ʳ le Maréchal Duc de Dalmatie, Major-général de S. M. Catholique; à M.ʳ le Général Belliard, Gouverneur de Madrid, et à M.ʳ Giraud, Commissaire principal de la Marine, à Nantes;

ET

NOTES

Servant de développement audit Rapport;

PAR BOURA,

Officier de la Marine Impériale et Capitaine au Long Cours.

1810.

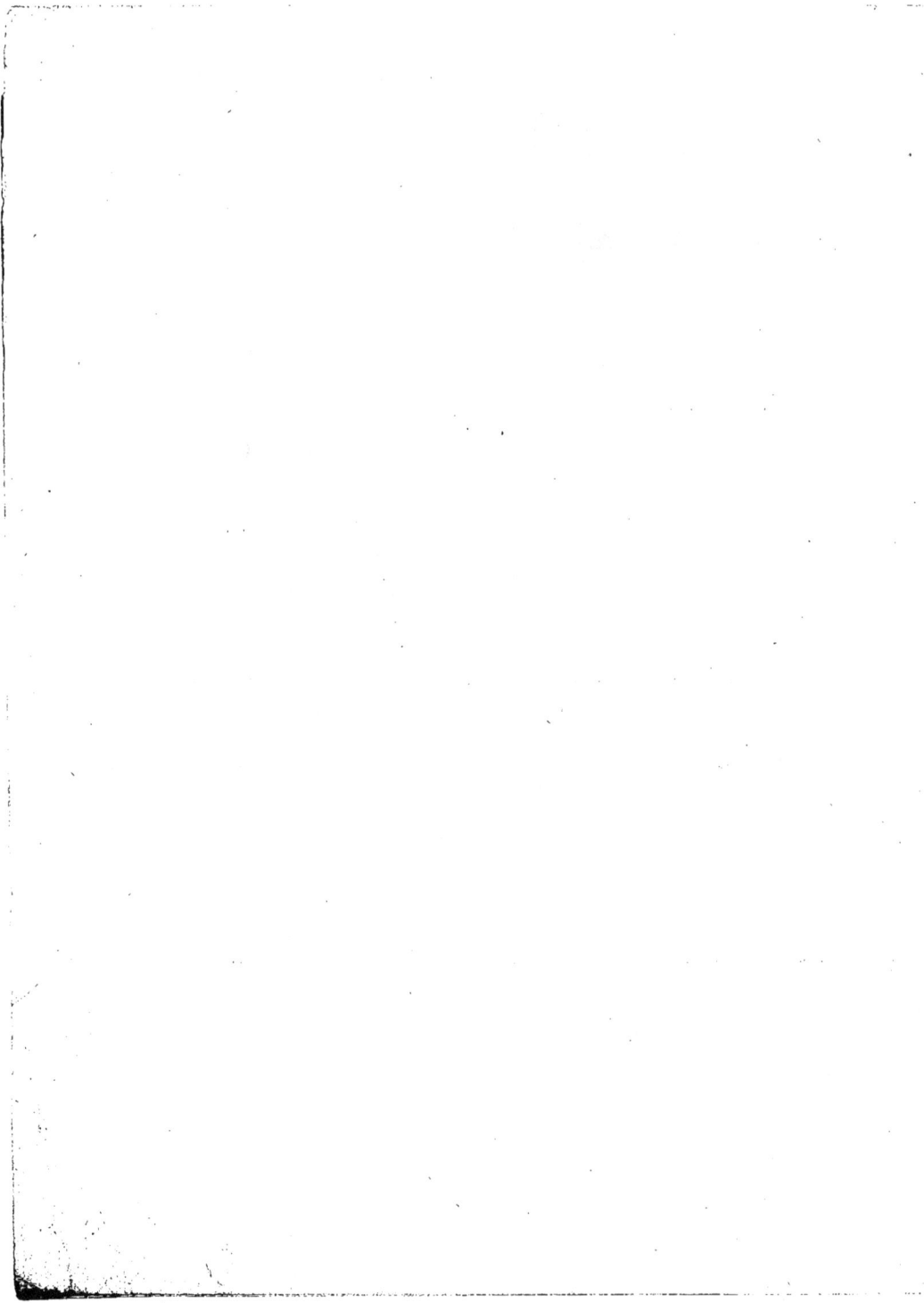

AVERTISSEMENT.

J'ai fait imprimer ce Rapport à l'invitation de mes compagnons d'infortune, qui sont, ainsi que moi, jaloux de faire connaître les seuls et vrais moyens qui ont conduit à la côte le vaisseau LA CASTILLE; de rendre un compte fidèle des obstacles et des dangers qu'on a surmontés pour y parvenir, et des dispositions secrètes qu'il a fallu prendre pour l'exécution de ce hardi projet.

La publication de ce Rapport et des Notes qui l'accompagnent, en exposant les choses telles qu'elles se sont passées, fera tomber d'eux-mêmes les faux bruits qu'on a déjà fait courir sur une action qui ne doit être rapportée qu'avec la plus grande impartialité.

RAPPORT

DES CIRCONSTANCES

Qui ont déterminé la mise à la côte du vaisseau ponton LA CASTILLE, mouillé devant Cadix, sous la garde de l'armée anglaise et espagnole, et de plusieurs canonnières et bombardières;

Adressé à S. E. le Ministre de la Marine; remis à M.r le Maréchal Duc de Dalmatie, Major-général de S. M. Catholique; à M.r le Général Belliard, Gouverneur de Madrid, et à M.r Giraud, Commissaire principal de la Marine, à Nantes.

Le 15 mai, après midi, le vent qui avait varié depuis le 12, du sud à l'ouest-sud-ouest, se rangea à l'ouest, et parut vouloir s'y fixer; la brise, sans être très-forte, soufflait à satisfaction, tout m'indiquait que l'échouage du ponton, sous la protection des batteries françaises, était

certain. Je résolus à l'instant même de mettre à exécution un projet conçu depuis deux mois et demi, toujours
resté sans effet, par l'opposition de beaucoup de personnes.

Pour faire réussir l'entreprise, il fallait la tenir secrète :
je ne me confiai qu'à un très-petit nombre d'Officiers et
de Soldats dont le dévouement m'était connu ; je les
chargeai de désarmer la garde et de s'emparer des munitions, au premier signal que je donnerais.

Il me fallait un instrument tranchant, pour couper les
cables ; quelqu'un m'ayant indiqué une mauvaise hache,
je m'en emparai, et, la trouvant trop émoussée, je passai
deux heures, avec le Lieutenant de cavalerie *Détrée*, à
la limer. Tout étant prêt, j'attendis avec impatience la
chûte du jour et le commencement du flot.

A huit heures et demie du soir, jugeant l'instant favo-
rable, me faisant accompagner par quatre Soldats, je
descendis aux câbles, que je fis couper en ma présence,
malgré l'opposition de M. *Doriac*, Lieutenant de vaisseau,
de plusieurs Officiers supérieurs, et de beaucoup d'autres
Officiers subalternes.

Aussitôt les câbles coupés, je m'élançai sur le pont,
pour informer mes camarades de l'événement ; ils désar-
mèrent à l'instant la garde, et s'emparèrent d'une bonne
provision de cartouches. J'allai de suite trouver le Colonel
Buquet, et je lui remis une note que j'avais écrite d'avance,
pour les dispositions à prendre contre nos ennemis, qui

ne manqueraient pas de nous attaquer avec des forces supérieures. En un instant, quelques centaines de boulets de gros calibre et beaucoup de gueuses passèrent de la cale dans les batteries et sur les gaillards : gardant toutes les parties du vaisseau, principalement les sabords, qui n'avaient pas de mantelets, nous attendîmes de sang-froid les canonnières anglaises et espagnoles, que nous apper-cevions déjà venir à nous. Douze fusils étaient entre les mains d'autant de braves qui étaient placés sur les passe-avant et sur la dunette.

Il n'y avait pas une demi-heure que nous dérivions, lorsque les canonnières anglaises tentèrent de nous aborder ; mais, se voyant assaillies par une grêle de boulets et de gueuses, elles se retirèrent a cinquante toises de l'arrière, et nous accompagnèrent à coups de canons jusqu'à la côte. J'ai eu la douleur de voir tomber mort à mon côté le Lieutenant de vaisseau *Moreau*.

On doit des éloges à quelques Officiers de Marine, qui, après que les câbles furent coupés, se conduisirent avec beaucoup de courage et de sang-froid, en m'aidant à faciliter l'échouage du ponton : je désignerai principalement de ce nombre MM. *Fouque* et *Challeil*.

A environ dix heures et demie, le vaisseau LA CASTILLE était échoué dans le nord-ouest du Trocadero, sous la protection des batteries françaises, et dans un endroit commode pour le débarquement. Aussi-tôt, plusieurs nageurs allèrent à terre, pour informer de notre situation MM. les Généraux et Commandants français, et réclamer de prompts secours.

En attendant le jour et la basse mer, on s'occupa à faire des radeaux qui servirent à débarquer beaucoup de personnes. Pendant le reste de la nuit, les embarcations anglaises se sont promenées autour du vaisseau, pour nous observer, sans oser attaquer de nouveau.

A trois heures, contre mon avis, beaucoup se jettèrent à la nage et sur les radeaux, pour gagner la terre; cette confusion fut cause que cinq ou six individus se noyèrent. Je répétais cependant souvent de ne pas trop se presser, afin d'éviter les accidents, bien persuadé qu'on allait nous donner des secours. En effet, au point du jour, on nous cria, de terre, que le Commandant du Génie s'occupait avec beaucoup d'ardeur de notre situation, et qu'il allait nous envoyer des embarcations.

Tout ce que j'avais prévu dans cette circonstance est arrivé; les prompts secours que l'on nous a donnés ont même surpassé mes espérances.

A sept heures, la mer était basse, et LA CASTILLE se trouvait par six pieds d'eau, à vingt-cinq toises du rivage.

A neuf heures, les premières embarcations arrivèrent sur des voitures; elles furent employées de suite à débarquer les femmes et les enfants.

A midi, il y avait encore deux cents hommes sur le ponton, lorsque dix canonnières et bombardières vinrent mouiller en ligne à quatre cents toises de nous. Dès lors le bombardement et la canonnade commencèrent avec un acharnement extraordinaire, et nous avons vu, pendant une heure et demie, pleuvoir sur nos têtes les bombes, les obus et les boulets, malgré le feu le plus vif de nos batteries.

Enfin, le canon Français força l'ennemi de rompre sa ligne, et de se retirer sous le Puntales, nous abandonnant à six grandes bombardes anglaises, embossées à mille toises, qui continuèrent à nous envoyer des bombes, même après l'entière évacuation de LA CASTILLE. Un Chef de Bataillon et le Capitaine d'artillerie de la Marine *Eurion*, ont été tués par une bombe qui a éclaté dans la batterie basse du vaisseau.

A quatre heures, tous les prisonniers étaient à terre, moins une quinzaine, presque tous Marins sachant nager, et ayant des effets à sauver. A cette heure, je m'embarquai dans un canot, et je descendis à terre, bien content d'avoir coopéré à la délivrance de quatre cents Officiers, autant de Sous-Officiers et Soldats, vingt-cinq Femmes et une quinzaine d'Enfants qui gémissaient depuis vingt mois dans la plus affreuse captivité.

Avant de terminer mon Rapport, il me reste à faire connaître à V. E. les braves qui m'ont aidé à conquérir notre liberté ; voici leurs noms :

Messieurs *Pinthon*, *Barrége* et *Le Blanc*, Chefs de Bataillon ; *Pélion*, Capitaine de la Garde de Paris ; *Darbour*, Capitaine au 2.ᵉ Régiment de Hussards, et *Ducros*, Sous-Lieutenant, id. ; *Ranvoyé* et *Petit-Genet*, Capitaines au 6.ᵉ Régiment d'Infanterie légère, *Gallet* et *Verneray*, Capitaines, le premier, au 9.ᵉ, et le second, au 5.ᵉ Régiment de Cuirrassiers ; *Courtois*, Capitaine, attaché aux États-majors ; *Tinet*, Adjudant-Major ; *Tandeau* et *Guiné*, Officiers de Cuirassiers ; *Guithon* et *Filleul*, Sous-Lieutenants d'Infanterie ; *Fouque* et *Challeil*, Officiers de la Marine ; *Lointier* et *Rolandeau*, Commerçants ; *Le Fèvre* et *Taillandier*, Soldats Cuirassiers ; *La Prune*, Matelot, et *Huguet*, Soldat de la Garde de Paris. Tous lesquels Officiers et Soldats se sont conduits avec beaucoup de courage et de sang-froid, tant au désarmement de la garde, qu'en défendant l'abordage.

Séville, le 23 mai 1810.

BOURA,

Capitaine au long Cours, demeurant à Nantes,

NOTES.

LE Rapport qu'on vient de lire est en tout conforme à celui adressé par triplicata à Son Excellence Monseigneur le Ministre de la Marine et des Colonies, et remis par moi-même à Monsieur le Maréchal Duc de Dalmatie, Major général de S. M. Catholique, commandant en chef en Andalousie, et à Monsieur le Général Belliard, Gouverneur de Madrid.

Quel autre que moi peut rapporter des événements que j'ai conduits et dirigés seul? Cependant, plusieurs ont donné des détails sur l'exécution d'un projet auquel ils s'opposaient, et qui, malgré eux, s'est effectué au moment qu'ils s'y attendaient le moins. Que peuvent-ils avoir dit de vraisemblable sur les mesures secrètes et les dispositions d'une entreprise qu'ils n'osaient pas seconder, et qui leur devaient être cachées?

Il est vrai qu'il a été plusieurs fois question de mettre LA CASTILLE à la côte; mais le projet a toujours échoué par l'opposition bien prononcée de plusieurs Officiers supérieurs et de beaucoup d'autres Officiers subalternes.

Au gros d'eau de l'équinoxe qui eut lieu le 20 mars dernier, un coup de vent des plus violents se fit sentir sur la rade de Cadix, et dura deux jours. Ce gros temps mit à la côte quatre vaisseaux de guerre espagnols et portugais, plusieurs corvettes, des transports et beaucoup d'autres bâtiments marchands anglais, qui tous, poussés par un fort vent d'ouest-sud-ouest, furent s'échouer entre Sainte-Marie et le Trocadero. A la basse mer, les plus

B

grands transports se trouvèrent à sec, et l'armée française, qui était répandue sur la côte, reçut les débris de ces bâtiments et fit prisonniers leurs équipages.

On délibéra dans ce temps pour mettre LA CASTILLE à la côte; les avis furent partagés : les opposants étaient même en plus grand nombre. En vain on leur observait que l'instant était des plus favorables pour rompre nos chaînes, tous les moyens de persuasion furent inutiles : on se menaça réciproquement; on se dit même des injures.

Cependant, MM. *Moreau*, *Foulque* et moi, ainsi que quelques autres Marins, nous étions dans la ferme résolution de couper les câbles, à onze heures du soir, deux heures avant la pleine mer; mais le Sergent espagnol, ayant été instruit de notre projet, y plaça des sentinelles, et le coup manqua (*a*).

Dans la suite, on regretta d'avoir perdu une aussi belle occasion de se sauver; les opposants même en devinrent inconsolables, parce que nous leur répétions sans cesse que de semblables gros temps ne reviennent plus dans ce climat, durant le printemps ni l'été.

Cependant, notre état de misère croissait de jour en jour, nous manquions souvent d'eau; le fournisseur ne nous apportait pas de vivres suivant nos besoins : nous souffrions, nous languissions dévorés de faim, de soif et de misère (*b*).

Le gros d'eau qui suivit immédiatement celui de l'équinoxe nous offrit encore l'occasion de nous délivrer, quoique le temps fût moins fort; mais les opposants, ayant de nouveau levé la tête, se prononcèrent positivement, en disant: *Que le projet n'avait pas le*

(*a*) Je me dispenserai de dire comment et par qui le Sergent espagnol fut informé de notre projet.

(*b*) Le hideux tableau de notre situation s'est principalement fait voir avec horreur dans les premiers jours de février, après le passage de la Sierra-Moréna, par l'armée française. On fut cinq jours sans donner de rations aux prisonniers français.

sens commun ; que celui qui l'avait conçu n'était qu'un irréfléchi et un audacieux. J'aurais volontiers consenti de passer pour l'un et l'autre, si j'avais pu l'exécuter dès lors.

A la nouvelle lune d'avril, la question de mettre à la côte LA CASTILLE fut de nouveau agitée ; mêmes propos, mêmes résultats qu'auparavant.

Pourtant, les opposants, constamment tourmentés par ceux qui brûlaient du desir de s'affranchir du joug insupportable sous lequel nous languissions, dirent que, *si on voulait établir une voile, et profiter d'un coup de vent, ils consentiraient au projet.*

Le jour du gros d'eau de la pleine lune, on mit en réquisition huit ou dix tailleurs qui se trouvaient sur le ponton, pour assembler une cinquantaine de hamacs destinés à servir de voile. En moins de quatre heures la voile fut achevée. On l'envergua sur des montants de tente, et on devait dresser dans l'emplacement du grand mât une barre de gouvernail, de trente pieds de long, qui aurait tenu lieu de mât. On passa des rabans de barre ; et le gouvernail pouvait agir. Tout étant prêt, on attendit le mi-flot pour mettre à la voile avec une jolie brise d'ouest. Enfin, l'instant approche ; il est plus de huit heures, et à neuf heures on doit porter le coup ! Cependant, on veut auparavant recueillir les suffrages de tous les Officiers ; on demande l'avis de chacun d'eux, par écrit : chacun le donne sur un registre ouvert à cet effet. (Ce moyen, inventé par les opposants pour faire manquer l'opération, leur réussit à merveille.) La délibération dura trois heures, et la marée étant à sa fin, il fallut renoncer encore une fois à l'espoir de nous délivrer.

Ces contrariétés découragèrent entièrement tous ceux qui étaient partisans de mettre le ponton à la côte ; ils jurèrent de ne plus se mêler de rien à l'avenir, et d'attendre avec résignation les événemens futurs.

Dévoré d'ennui et de chagrin, soupirant après ma liberté, regrétant les occasions perdues, je pris, dès cet instant, la ferme résolution de porter seul le coup qui devait rendre à la liberté huit cents individus. J'entrepris cependant, dans la suite, d'associer à mon projet quelques Officiers supérieurs, principalement le Colonel *Buquet*, qui étoit très indécis sur le parti qu'il y avait à prendre. Un jour, que je me proposais de lui parler, ce Colonel me provoqua à un entretien d'environ une heure, dans lequel il fut principalement question de mettre le ponton à la côte. J'insistai fortement pour l'affirmative, et je répondis, sur ma tête, de la réussite. M. *Buquet* m'observa qu'un projet aussi téméraire ne pouvait s'accomplir, que dans un coup de vent, parce que les embarcations ne pouvant naviguer, nous éviterions la poursuite des Anglais et des Espagnols. Je répliquai à cela que le coup de fouet d'équinoxe était le dernier gros temps que nous eussions à espérer ; que je ne voyais pas la nécessité absolue d'un coup de vent, pour nous mettre nuitamment à la côte ; qu'au contraire, il était plus avantageux d'y aller d'un beau temps, parce que les neuf dixièmes des prisonniers, ne sachant pas nager, seraient moins exposés à se noyer, pourvu, toutefois, que le vent et le courant combinés pussent nous porter sur la côte occupée par l'armée français ; que je ne craignais point d'être arrêté dans notre marche par les embarcations ennemies, qui, pour peu que nous montrassions de dispositions à nous défendre, n'auront jamais la témérité de vouloir enlever à l'abordage un vaisseau qui a plus de vingt pieds au-dessus du niveau de l'eau, et qui est défendu par huit cents Militaires déterminés, qui feront pleuvoir sur elles des milliers de boulets et de gueuses.

Telle a toujours été ma manière de voir ces choses : je n'ai jamais craint d'être repris par les Anglais ni par les Espagnols, tous les Officiers le savent. Je pensais intérieurement que nous pouvions beaucoup souffrir par le feu de l'ennemi, et, certes, j'aurais vu sans étonnement, quoiqu'avec une vive douleur, le sang de deux cents hommes couler dans les coursives et par les dalots (c).

(c) J'ai dit la même chose à M. le Maréchal Duc de Dalmatie, à la suite d'un dîner auquel Son Excellence m'a fait l'honneur de m'admettre.

Je me séparai donc de M. *Buquet* sans avoir pú le décider à entrer dans un projet qui ne pouvait que lui faire honneur. J'eus plus d'avantage du côté de trois Chefs de Bataillon, qui me promirent de m'aider dans mon entreprise, ainsi que cinq ou six Capitaines.

Vers cette époque, par une nuit sombre, quelques Soldats prirent la résolution de se sauver à la nage, ou de s'ensevelir sous les flots. Connaissant l'un de ces braves pour être très-bon nageur, j'informai le Colonel *Buquet* de son projet de désertion, et je l'engageai d'écrire par ce Militaire à M. le Maréchal Duc de Bellune, et de lui dire : » *Les circonstances critiques où nous nous trouvons réduits peuvent* » *nous engager et même nous forcer à mettre à la côte le ponton* » *sur lequel nous sommes détenus; dans ce cas, j'ai l'honneur de* » *prier votre Excellence de faire veiller la côte, pour, aussitôt que* » *nous paraîtrons, nous donner de prompts secours; sur-tout, nous* » *envoyer des armes et des munitions pour nous défendre contre les* » *Anglais, qui ne manqueront pas de nous poursuivre avec achar-* » *nement, car ce sont nos plus implacables ennemis.* »

M. le Colonel me promit d'insérer ce paragraphe dans sa lettre; mais, comme il ne faisait rien sans en donner connaissance à M. le Major *Christophe*, son ami, le paragraphe fut désapprouvé par ce dernier, et mis de côté, sous le vain prétexte *que le porteur de la lettre pouvait être arrêté par les Anglais ou par les Espagnols.* J'insistai, en rappelant à M. *Buquet* la promesse qu'il m'avait faite, mes sollicitations furent nulles, quoique j'eusse pris toutes les précautions convenables pour que la lettre ne tombât pas entre les mains des ennemis. Voilà encore une tentative manquée !

Enfin, ayant perdu tout espoir de s'affranchir de ses chaînes, chacun se résigna à périr de besoin, principalement de la soif, car on avait la barbarie de nous laisser manquer d'eau la moitié du temps. Ce n'était pas tout, le germe d'épidémie qui couvait dans Cadix, au milieu d'une population de cent cinquante mille âmes

(*d*), n'attendait que les calmes et les grandes chaleurs pour éclore et se développer sous des apparances effrayantes. Quand nous aurions résisté à ces terribles épreuves, n'avions-nous pas encore à craindre une déportation certaine aux Colonies espagnoles, ce dont on nous menaçait chaque jour? Telles furent les considérations qui me déterminèrent à calculer en silence les moyens de me sauver avec les huit cents Français qui étaient sur LA CASTILLE.

Dès le 12 mai, trois jours avant le gros d'eau, je conçus quelques espérances, quoique le vent fût faible et variable du sud à l'ouest-sud-ouest. J'avais observé, depuis un an, qu'à cette époque la brise se lève ordinairement, dans ces climats, le troisième jour qui précède la pleine et la nouvelle lune; qu'elle prend faveur jusquà l'instant de son renouvellement et de son plein, et que le vent passe presque toujours à l'ouest dans les temps variables.

Il fallait donc profiter du jour même de la pleine lune, parce que le lendemain le calme succède à la brise, et il n'est plus possible de rien tenter.

Le 15 mai arriva (*e*); la brise, suivant l'usage, prit faveur: j'avais espoir qu'elle augmenterait encore au commencement du flot.

Les hommes qui observent le temps savent que dans les vents variables le flot produit toujours quelques changements de cette nature. Je comptai donc sur une augmentation de brise quelques heures avant le plein de la lune, et je pris mes dispositions pour mettre LA CASTILLE à la côte, de la manière que je l'ai dit dans mon Rapport. Je voulus cependant, auparavant, m'assurer d'un nombre de personnes absolument nécessaire pour le désarmement

---

(*d*) La population de Cadix ne s'est en aucun temps élevée au-dessus de soixante-quinze mille âmes; mais elle a été, au moins, doublée par le nombre des réfugiés qui s'y sont jetés à l'approche de l'armée française.

(*e*) Le 15 mai, anniversaire de mon arrivée malheureuse à Cadix, et de celle de plusieurs de mes camarades, à la même heure, je brisai les liens qui nous tenaient captifs, et je célébrai ce jour sans y penser.

de la garde. Je parcourus à cet effet le faux pont et les batteries ; je vis avec plaisir que je pouvais compter sur une quinzaine de braves, quantité suffisante pour désarmer autant d'Espagnols. J'étais bien convaincu qu'après les câbles coupés et la garde désarmée, la majeure partie des Officiers et Soldats se joindraient à nous, pour défendre l'abordage ou toute autre tentative de l'ennemi.

Il était six heures ; je n'avais que le temps d'écrire les dispositions et les mesures à prendre pour éviter la confusion et faire réussir l'entreprise : je passai une heure et demie à ce travail. Dès qu'il fut terminé, je me rendis auprès de M. *Buquet*, pour le lui communiquer, le priant d'avance de n'en donner connaissance à personne. Cette condition ne lui convint pas, sans doute ; il me remit l'écrit qu'il avait déjà en main, et je me retirai. J'avais à peu près songé qu'il aurait deviné mes intentions, parce que je ne sais pas dissimuler ; néanmoins, je m'étais mis à couvert des soupçons du moment, en donnant pour titre à ma Note : *DISPOSITIONS à prendre contre nos ennemis, EN CAS QU'ON SE DÉCIDE à couper les câbles.* Je ne parlais ni du jour ni de l'heure, et, certes, excepté mes discrets camarades, tous les prisonniers étaient bien éloignés de croire que dans une heure leurs chaînes seraient rompues.

Je n'avais plus que cette heure à attendre pour porter le coup ; je la passai dans l'impatience, quoiqu'au milieu de mes braves camarades, à qui je promis cent fois, sur ma tête, que nous dînerions ensemble le lendemain au Port - Royal.

Huit heures et demie arrivent, enfin ! Il n'y avait point de nuit, parce que la lune, dans son plein, lançait des rayons de lumière suffisants pour nous faire distinguer les objets qui nous entouraient, à une lieue de distance.

A portée de pistolet d'un bâtiment de guerre, spécialement chargé de nous observer jour et nuit conjointement avec une chaloupe canonnière mouillée à la même distance ; à une demiencâblure de plusieurs vaisseaux anglais et espagnols, mouillés dans le nord-ouest, également chargés de nous surveiller; plus haut, dans le sud-est, une ligne de six grandes bombardes anglaises, à trois mâts, embossées sur notre passage, et au moins une quinzaine de chaloupes canonnières et bombardières mouillées sur tous les points, à peu de distance de la côte; avec un beau temps, et une brise qui soufflait à satisfaction, je me saisis à cette heure d'une mauvaise hache, et, la cachant sous mes habits, pour qu'on ne la vît pas, je descendis à la batterie basse, accompagné de *Taillandier* et *Le Févre*, Cuirassiers; *La Prune*, Matelot, et *Huguet*, Soldat de la Garde de Paris. *Le Févre* voulut avoir l'honneur de porter le premier coup; je lui abandonnai la hache, et le câble de stribord, de vingt-un pouces de circonférence, fut coupé en une minute. Aussitôt que les premiers coups de hache tombèrent, *Huguet* et *La Prune*, qui s'étaient pourvus d'une scie en fer-blanc, se mirent à scier celui de bâbord.

Un câble était coupé; le second l'était à moitié: il était temps de surprendre et de désarmer la garde, avant que les sentinelles eussent connaissance de la chose. Je m'élançai donc sur le pont, où je trouvai *Pélion*, Capitaine de la Garde de Paris; *Darbour*, Capitaine au 2.ᵉ Régiment d'Hussarts, et *Ducros*, Sous-Lieutenant au même Régiment; *Ranvoyé* et *Petit-Genet*, Capitaines au 6.ᵉ Régiment d'Infanterie légère; *Tandeau*, Sous-Lieutenant au 2.ᵉ Régiment provisoire de Cuirassiers; *Guiton*, Sous-Lieutenant d'Infanterie; *Filleul*, idem; *Lointier*, Commerçant d'Angers, et quelques autres, qui, étant informés par moi de l'événement, s'emparèrent de suite de la garde, et la mirent en lieu de sûreté.

Je redescendis aux câbles, pour m'assurer si le deuxième était tout-à-fait coupé; mais quel fut mon étonnement, lorsque je vis MM. *Chaudron* et *La Roche*, Chefs de Bataillon, poussés et instigués par M. *Doriac*, Lieutenant de vaisseau, s'opposer par tous les moyens possibles à ce qu'on achevât de couper le dernier câble! Croirait-on qu'on s'est servi du nom de l'Empereur, pour chercher à
décourager

décourager et à détourner de ce projet tous les Officiers. M. *Doriac*, s'adressant à MM. *Chaudron* et *La Roche*, parlait, ou plutôt déraisonnait ainsi : » *Vous devez vous opposer de toutes vos forces à* » *l'exécution d'un projet insensé qui va nous faire périr tous. Si* » *vous n'employez toute votre autorité à cet effet, je saurai rendre* » *compte de votre conduite à l'Empereur* (*f*). »

MM. *Chaudron* et *La Roche* furent obéissants ; ils arrachèrent, autant par force que par autorité, des mains du Matelot et du Soldat qui achevaient de couper le dernier câble, la scie qui leur servait, et ils la brisèrent en plusieurs morceaux, malgré la résistance qu'offrirent MM. *Le Blanc*, Chef de Bataillon, et *Guillot*, Garde général d'Artillerie, qui ont toujours été partisans de conquérir leur liberté.

Tout cela se passa en moins d'une minute, que j'employai à faire opérer le désarmement de la garde.

Mon retour fit changer les choses : ma résolution inspira de la confiance, en même temps qu'elle intimida quelques enragés opposants. Sans écouter les menaces qu'on m'adressait, je me ressaisis de la hache, que je trouvai entre les bittes ; je la remis à *Taillandier*, pour couper les derniers fils du câble : deux coups suffirent pour rompre nos derniers liens. Dès ce moment nous dérivâmes vers la côte qui restait au sud-est. J'entendis avec plaisir, à l'instant même, cette expression et d'autres à peu près semblables sortir de la bouche de plusieurs Officiers : *Le vin est versé ; il faut le boire*........ *Hé bien ! mes Camarades*, répliquai-je sur le champ, *buvons-le à la santé de L'EMPEREUR !*

J'engageai le Colonel *Buquet* à trinquer avec nous, en lui faisant accepter *la Note pour les dispositions à prendre contre nos ennemis*, qu'il avait refusée une heure auparavant (*g*). On voit combien

---

(*f*) C'était plutôt, je crois, le vrai moyen de se faire tancer lui-même.

(*g*) Je somme, au nom de l'honneur, M. *Buquet*, qui lira ces Notes, de dire la vérité sur tous les faits qu'il m'a obligé de publier. Il a avoué mon Rapport, qu'il a lu ; il en fera autant des Notes.

C

j'ai persévéré pour faire entrer ce Colonel dans le complot : je ne crois pas y avoir réussi.

La dérive, qui était la route, nous portait sur l'une des grandes bombardes embossées sur notre passage. Nous eussions été forcés de l'enlever à l'abordage, si elle n'avait pris le seul parti qui lui restait, de couper ses câbles et d'appareiller sous ses focs, pour s'éloigner.

Il y avait, comme je l'ai dit dans mon Rapport, dix minutes que LA CASTILLE dérivait, lorsque les embarcations ennemies tentèrent l'abordage. C'est encore dans cet instant que le peureux *Doriac* engageait les Officiers supérieurs à faire rendre les armes à la garde, et à recevoir les Anglais et les Espagnols à bord, en disant : « *Que nous pouvions compter sur leur clémence, et qu'ils* » *nous pardonneraient.* »

Il est vrai que nous devions beaucoup y compter, puisque, quelques jours auparavant, ils avaient fusillé sous nos yeux plusieurs Matelots et Soldats qui avaient été arrêtés par les Anglais, en cherchant à retourner sous les Aigles impériales.

Très-heureusement, la harangue insidieuse de M. *Doriac* ne produisit pas l'effet qu'il en attendait. Quelques hommes craintifs partagèrent son opinion ; mais cela n'empêcha pas de repousser l'abordage avec intrépidité.

O mes chers camarades ! vous tous que je me suis fait un devoir de dénommer dans mon Rapport, recevez ici le témoignage bien sincère de ma reconnaissance et des veux que je fais pour votre prospérité et votre avancement dans les armées de Sa Majesté l'Empereur !

J'ai encore observé, dans mon Rapport, que, le 16 mai, à neuf heures du matin, les premières embarcations arrivèrent sur des voitures, et furent employées de suite au débarquement des femmes et des enfants. Le débarquement de MM. *Buquet* et

Christophe eut lieu immédiatement après. Ils descendirent à terre à neuf heures et demie, et ces héros de l'action, se retirant du fort de la mêlée, abandonnent le champ de bataille, et vont chanter leurs exploits........

En abordant au rivage, ces deux Colonels reçurent de plusieurs Généraux et Officiers supérieurs des félicitations sur l'entreprise hardie qu'ils venaient d'exécuter.

Convenir de bonne-foi qu'ils n'avaient coopéré en rien à la formation ni au succès de la chose; qu'au contraire, ils s'y étaient opposés de tout leur pouvoir, et que cet heureux coup de main appartenait à tels et tels, était l'aveu qu'ils devaient faire. Mais ils n'ont pas été si délicats; ils ont très-volontiers reçu les louanges qu'on leur donnait, comme s'ils les avaient méritées, sans songer que, tôt ou tard, la vérité perce, et couvre l'imposteur de mépris et de honte (*h*).

La mise à la côte du ponton LA CASTILLE est une opération purement nautique, et qui vous est tout-à-fait étrangère, M. *Buquet.* Permettez-moi de vous faire cette observation, et de vous demander en même temps comment vous avez osé en rendre compte? Au Port-Royal, à Sainte-Marie, à Saint-Lucar, vous fûtes praclamé le libérateur de huit cents Français qui étaient sur LA CASTILLE; à Séville et à Madrid, vous ne fûtes plus considéré que comme un homme qui avait été assez heureux pour obtenir sa liberté malgré lui-même.

Le lendemain de notre arrivée à Séville, je fus poussé par un très-grand nombre d'Officiers chez Monsieur le Maréchal Duc de Dalmatie, et présenté à Son Excellence par M. *Le Brun,* son

---

(*h*) Au Port-Royal, à Sainte-Marie, à Saint-Lucar, MM. *Buquet* et *Christophe* ont pu dire impunément tout ce qu'ils ont voulu. J'étais bien éloigné de penser alors que j'aurais été obligé, plus tard, de démentir toutes les faussetés qu'ils ont cherché à accréditer par le Rapport qu'ils ont fait à M. le Général Semellé, Chef d'État-major du premier Corps de l'Armée d'Espagne.

Aide-de-Camp, comme le premier moteur du coup de main qui nous a procuré notre liberté. En m'accueillant avec distinction, M. le Maréchal m'ordonna de lui faire mon Rapport; je le fis, et le lui remis moi-même, le lendemain. S. E. me questionna sur tous les points relatifs à notre expédition, je répondis à tout sans déguisement (i).

Si, parmi toutes les vérités contenues dans le Rapport ainsi que dans ces Notes, il s'en trouvait quelques-unes qui blessassent l'orgueil et l'amour-propre des hommes dont j'ai parlé, et qu'ils fissent entendre quelques plaintes, je n'aurais que ce peu de mots, à leur dire ; Appelez-en au témoignage de MM. *Pinthon*, Chef de Bataillon, attaché à l'État-major de S. A. S. le Prince de Neuchâtel ; *Baufranchet*, Chef de Bataillon d'Artillerie; *Barrège*, Chef de Bataillon d'Infanterie; *Le Blanc*, aussi Chef de Bataillon, et aux neuf dixièmes des Capitaines et Officiers subalternes.

C'est à leur pressante invitation que j'ai fait imprimer ce Rapport et les Notes qui l'accompagnent. Le seul avantage que je m'en suis promis, est de rendre hommage à leur rare valeur; car, je le déclare avec sincérité, si ces braves n'avaient pas secondé mon projet avec un courage digne d'admiration, nous serions encore dans les fers, ou ensevelis dans les abymes.

(i) Je n'ai fait que répéter dans ces Notes ce que j'ai dit à M. le Duc de Dalmatie, à l'égard de MM. *Buquet*, *Christophe* et *Doriac*.

BOURA.

A NANTES,
De l'Imprimerie de M.me HÉRAULT, rue de Guérande, n° 3.

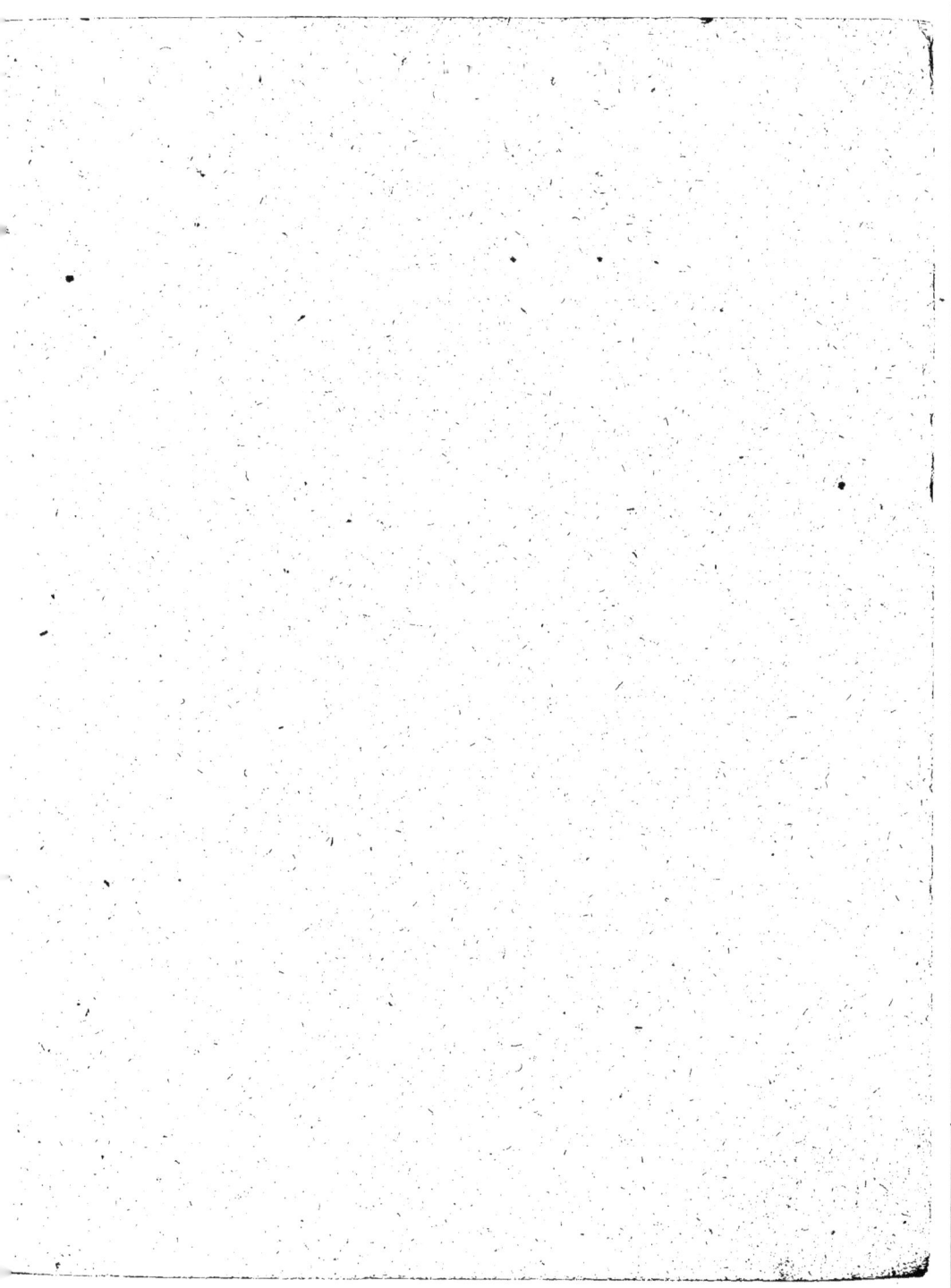

BIBLIOTHEQUE NATIONALE DE FRANCE

3 7531 04148899 1

www.ingramcontent.com/pod-product-compliance
Lightning Source LLC
Chambersburg PA
CBHW060821280326
41934CB00010B/2754